Christian Pede

SAP New GL – Der kleine Helfer für große Projekte

Christian Pede ist Manager, Unternehmer und Lebenskünstler. Nachdem er viele Jahre als festangestellte Führungskraft tätig war, gründete er 2015 sein eigenes Interim-Management-Unternehmen. Seitdem reist er durch Deutschland und stellt dabei immer wieder fest, dass Führung und Management auf ein paar simplen, schon immer gültigen Wahrheiten beruhen, die lediglich an die digitalisierte und globalisierte Welt angepasst werden müssen. Das hat er nun getan. Denn das ist die wichtigste dieser Erkenntnisse: einfach machen.

Christian Pede

SAP New GL – Der kleine Helfer für große Projekte

Vorwort

In fast jeder Finanzabteilung, die ich betrete, sehe ich dasselbe: Menschen unter Druck. Die tägliche Arbeit fordert alles und die Systeme sind komplex. Zeit für echte Weiterbildung bleibt kaum. SAP? Ja, irgendwie funktioniert es – aber verstehen, wie es wirklich arbeitet? Dafür fehlt im Alltag schlicht die Luft.

Dann kommt ein New GL-Projekt. Plötzlich wird aus einem technischen Fundament ein Minenfeld. Auf der einen Seite steht dann eine Abteilung, mit wenig System- und viel Fachwissen. Auf der anderen Seite sind die Berater. Technisch versiert, aber oft ohne Interesse an den fachlichen Hintergründen. Sie bauen das System, räumen Fehler weg, aber die fachliche Logik bleibt auf der Strecke. Und das ist auch verständlich: Für viele ist genau das ihr Geschäftsmodell.

Was fehlt, ist jemand dazwischen. Jemand, der SAP versteht, aber eben auch Buchhaltung, Controlling, Warenwirtschaft und so weiter. Jemand, der beide Seiten ins Gespräch bringt, und zwar lange, bevor das System steht. Ich mache genau das seit mehr als 20 Jahren, früher als festangestel-lter, heute als Interim Manager. Immer übernehme ich Verantwortung auf Zeit und baue Brücken zwischen IT und Finance. Und weil ich fest daran glaube, dass Wissen geteilt werden muss, statt es zu verstecken, habe ich dieses Buch geschrieben.

Es ist kein vollständiges Handbuch und auch kein SAP-Zertifikatsvorbereitungskurs, sondern ein Kick-Off. Ein qualifiziertes Update für alle, die mitten im Projekt stecken – oder gleich reingezogen werden. Dieses Buch erklärt einiges von dem, was Du wissen musst, wenn Du ein New GL-Projekt erfolgreich mitgestalten willst:

- Was das **A-Segment** tut und warum Du es nicht ignorieren darfst

- Wie das **B-Segment** die steuert, sicht- und unsichtbar.

- Was beim **Mapping** schieflaufen kann.

- Was **Ledger** sind und wie sie funktionieren

SAP New Giii...Hä?

Was, in Gottes Namen, ist denn (new) Ledger?

Stell Dir vor, Du arbeitest in der Buchhaltung eines internationalen Unternehmens. Jeden Monat kommt der Monatsabschluss und damit das Chaos: Excel-Listen kreisen, Bilanzpositionen passen nicht und jede Gesellschaft scheint ihre eigene Logik zu haben. Klingt vertraut? Genau das war die Ausgangslage in meinem Projekt bei Gesellschaft X.

Das Problem auch hier: Viele Unternehmen nutzen noch das „klassische Hauptbuch" in SAP. Das ist stabil, aber starr. Es ist wie ein alter Werkzeugkasten – solide, aber nur für einfache Aufgaben geeignet. Komplexere Anforderungen wie mehrere Rechnungslegungsstandards (z. B. HGB, IFRS, Steuerrecht), ein segmentiertes Reporting oder automatisierte Abschlussprozesse lassen sich damit kaum oder nur über Umwege abbilden.
Und hier kommt SAP New GL ins Spiel. Das New General Ledger (kurz: New GL) ist die moderne Variante des SAP-Hauptbuchs. Es bringt Ordnung ins System – wie ein neuer, durchdachter Werkzeugwagen. Aber was macht es konkret besser?

In vielen internationalen Unternehmen muss z. B. sowohl nach IFRS als auch nach HGB bilanziert werden. Im alten SAP-System wurde das über „Schattenbuchungen" oder zusätzliche Buchungskreise gelöst. Das ist umständlich und fehleranfällig. Das New GL löst das mit **Ledgern**: Man kann pro Rechnungslegungsstandard ein eigenes Ledger führen – auf derselben Datenbasis, aber klar getrennt. So bleibt der Überblick erhalten, und Rückfragen vom Wirtschaftsprüfer können schneller beantwortet werden.
Ein **Ledger ist dabei keine eigene Buchhaltung**, sondern eine **zusätzliche Sicht** auf denselben Geschäftsvorfall. Ähnlich wie ein CO-Objekt, das eine Buchung mit einer zusätzlichen organisatorischen Information versieht (etwa einer Kostenstelle oder einem Profitcenter). Während ein CO-Objekt die **organisatorische Dimen-**

sion ergänzt, bringt das Ledger eine **bewertungsspezifische Ebene** ins Spiel. Man könnte sagen:

- CO-Objekte beeinflussen, wofür etwas gebucht wird.

- Ledgers beeinflussen, wie bewertet wird.

Beides zusammen sorgt für die mehrdimensionale Sicht, die moderne Finanzbuchhaltung benötigt. Noch nicht verstanden?

Die Torten-Metapher

Stell Dir jede Buchung wie einen Tortenboden vor. Das ist der Beleg. Darauf kannst Du je nach Sichtweise verschiedene Schichten legen:

- eine für HGB (z. B. lineare Abschreibung),

- eine für IFRS (z. B. Komponentenansatz),

- eine für Steuerrecht (z. B. Sonderabschreibung),

- dazu Kostenstelle, Profitcenter usw.

Jede Schicht ist eine eigene Sicht auf denselben Vorgang. Sie existiert nicht doppelt, sondern wird lediglich unterschiedlich ausgewertet oder bewertet. Ein Ledger ist also keine Kopie, sondern eine zusätzliche Tortenlage.

Ledgers im SAP New GL

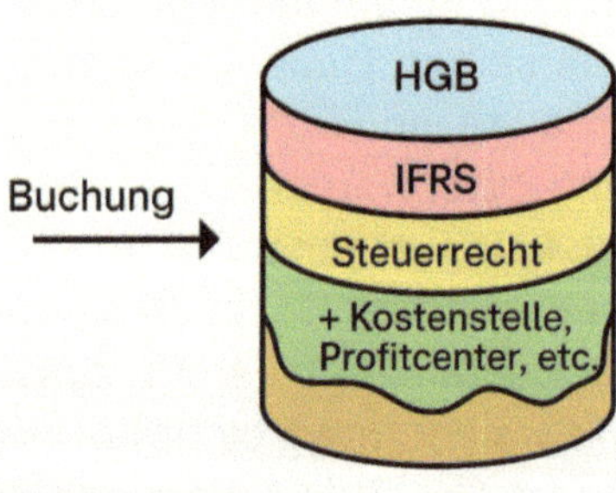

Das New GL ist nicht nur eine Verbesserung im Hier und Jetzt – es ist auch ein wichtiger Schritt in Richtung Zukunft. Denn wer auf S/4HANA umstellen will, **kommt an einer Migration auf das New GL kaum vorbei**. Es ist die Grundlage für moderne Buchhaltung in SAP.

Was musst Du wissen, wenn Du New GL einführst?

Das SAP New GL ist kein Update zum Anklicken, es ist neues Denken. Hier verändert sich nicht nur die Technik, sondern auch die Art, wie wir Buchhaltungsprozesse strukturieren, steuern und auswerten. Wer glaubt, man könne es „einfach mal einführen", ohne sich mit den Grundlagen zu beschäftigen, wird schnell feststellen:

👉 Das System verzeiht keine Halbherzigkeit.

Denn: New GL verlangt Klarheit. Und Klarheit braucht Struktur. Wenn Du das New GL einführen willst oder später auf S/4HANA migrieren möchtest, musst Du die DNA der SAP-Buchhaltung verstehen. Es reicht nicht zu wissen, wo man klickt. Du musst verstehen, warum Du klickst und welche Auswirkungen das hat.

Damit das SAP New GL nicht nur technisch, sondern auch fachlich sauber funktioniert, musst Du vier Schlüsselbereiche verstehen:

- Das **Ledger-Mapping**: Warum Bewertungswelten nötig sind und wie Du sie steuerst.

- Das **A-Segment**: Die globale Wahrheit eines Kontos.

- Das **B-Segment**: Die lokale Realität im Buchungskreis, mit allen technischen Hebeln.

- Der **Kontenplan**: Erst aufräumen, dann harmonisieren.

In den folgenden Abschnitten schauen wir uns genau das an: die Stellschrauben, ohne die das New GL nicht funktioniert. Und wir tun das nicht nur technisch, sondern praktisch, und zwar so, dass Du nicht nur ein SAP-Projekt überlebst, sondern eines, das Deinen Monatsabschluss besser macht. Nicht schlimmer.
Starten wir mit dem Ledger-Mapping.

Ledger-Mapping versus Mickey Mouse

Ledger-Mapping bedeutet, im SAP-System gezielt zu definieren, welche Geschäftsvorfälle in welches Bewertungsledger fließen und nach welchen Regeln. Es ist die Grundlage für eine saubere Trennung von Rechnungslegungsstandards wie HGB, IFRS oder Steuerrecht. Bevor wir über Ledger-Mapping sprechen, lohnt sich ein kleiner Rückblick auf das, was früher in vielen Unternehmen funktionierte und was heute im new GL nicht mehr geht: die sogenannte **Mickey-Mouse-Logik.**

Was ist die Mickey-Mouse-Logik?

Der Begriff klingt verspielt, aber die Idee dahinter ist clever: In einem **einzigen Buchungskreis** wird alles abgebildet – HGB, IFRS, Steuerrecht – einfach durch den geschickten Einsatz **verschiedener Konten.** Beispiel: Konto 400000 für HGB, Konto 400100 für IFRS, Konto 400200 für Steuerrecht.

So entsteht ein „Dreikreis-Modell". Ein Kreis in der Mitte (Buchungskreis) und zwei kleinere oben links und rechts (Kontenvarianten). Es wird alles auf derselben technischen Plattform gebucht, aber mit unterschiedlichen **Kontonummern** für unter-schiedliche Zwecke. Warum das Mickey-Mouse-Logik heißt? Schau mal hin:

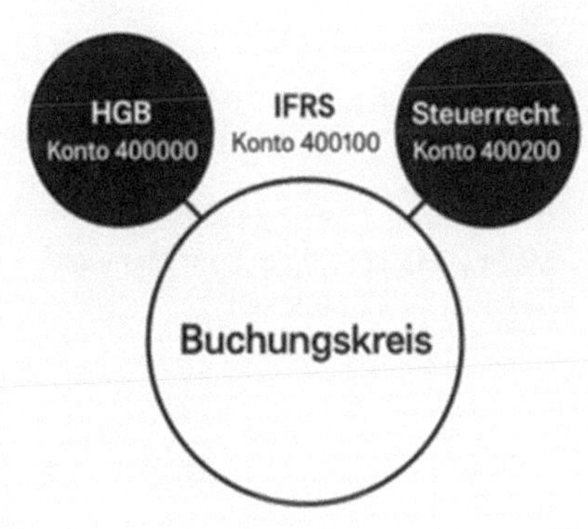

Diese Logik hat lange funktioniert. Aber: **Sie ist nicht skalierbar.** Denn, sobald Du mehr als eine Gesellschaft hast – und jede Gesellschaft unterschiedliche Mickey-Mouse-Ohren aufsetzt oder sie falsch nutzt, **zerbricht das ganze Bild.**

Wo liegt das Problem?

Im Projekt bei Gesellschaft X zeigte sich genau das: Jede Gesellschaft hatte ihre eigene Mickey-Mouse-Logik. Manche nutzten ein Konto für alles, andere trennten nach Regelwerk. In manchen Fällen wurde sogar in einem einzigen Konto **zeitgleich nach HGB, IFRS und Steuerrecht gebucht** – mit manuellem Excel-Abgleich hinterher. **Das Ergebnis:** Bilanzpositionen ließen sich nicht vergleichen. Die Reports waren voller Ausnahmen. Und der Konzernabschluss wurde zur Detektivarbeit.

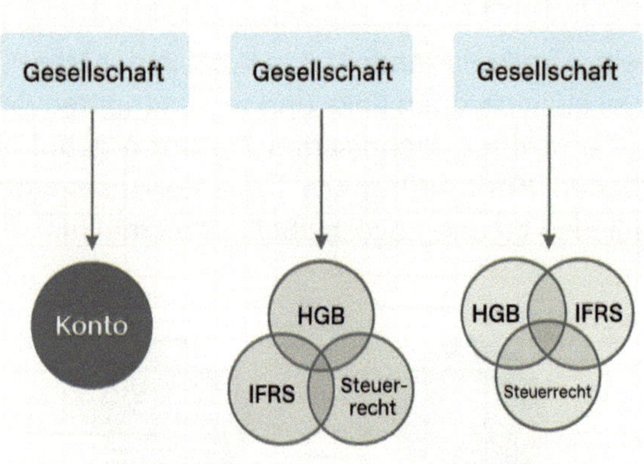

Mickey-Mause-Logig: Zum Mehwelt-
fâhigkeit

Die Lösung: das Ledger-Mapping

Ledger-Mapping ist die professionelle, skalierbare Weiterentwicklung der Mickey-Mouse-Logik. Statt alles über unterschiedliche Konten zu steuern, werden die verschiedenen Rechnungslegungen jetzt über eigene Ledgers geführt:

- **Leading-Ledger**   z. B. IFRS (Konzernvorgabe)
- **Non-Leading-Ledger**   z. B. HGB, Steuerrecht, US-GAAP

Während Mickey-Mouse nur eine Perspektive vorgaukelt, trennt das Ledger-Modell die Sichtweisen technisch voneinander, aber auf derselben Datenbasis, nämlich dem Konto als Übersetzer.

> 💡 Ledger-Mapping ist die Brücke zwischen globaler Buchhaltung und lokalem Regelwerk.

Praxisfall: Wenn Mickey mit den Ohren wackelt

Theorie ist das eine, Praxis etwas anderes. Besonders dann, wenn sich historische Buchungslogiken über Jahre hinweg etabliert haben. Der folgende Fall aus einem Buchungskreis von Gesellschaft X zeigt exemplarisch, was passiert, wenn die Mickey-Mouse-Logik nicht mehr eingehalten wird und wie ein sauberes Ledger-Mapping diese Altlasten auflöst.

Ausgangssituation

In der bisherigen SAP-Welt wurde mit speziellen HGB-Konten gearbeitet, um zwischen HGB und lokalen Rechnungslegungsstandards zu unterscheiden. Die interne Regel war: HGB-Konten dürfen nur gegen andere HGB-Konten gebucht werden, so dass sich die Buchungen auf null aufheben. In diesem Buchungskreis zeigte die Analyse jedoch: Die Logik wurde nicht eingehalten, sondern gegen „falsche" Konten gebucht, also z. B. von HGB-Konto auf ein IFRS-

Konto. Das Ergebnis: die Bilanz war rechnerisch korrekt, aber die Mickey-Mouse-Logik war gebrochen.

Analyseergebnis

Insgesamt wurden 18 Konten identifiziert, gegen die nicht rechnungs-legungskonform gebucht wurde. Der Saldo der betroffenen Buchungen ergab eine kumulierte Differenz von kumuliert mehreren hunderttausend €.

Die Lösung: Korrekturbuchung & sauberes Mapping

Die umgesetzte Lösung bestand aus zwei Schritten:

- Schritt 1: Erstellen von Korrekturbilanzen für jedes GAAP

- Schritt 2: Einbuchen der Differenzwerte im richtigen Ledger,

- Schritt 3: und zwar erst nach der Migration

Der hässliche Nebeneffekt

Da die HGB-Bilanz Ausgangspunkt für die Steuerbilanz war, musste auch diese korrigiert werden. Ebenso war das für die lokalen Abschlüsse (auch hier Basis der lokalen Steuerbilanz) nötig.

Übertrag auf andere Buchungskreise

Das Vorgehen wurde als Blaupause für weitere Buchungskreise genutzt. Insgesamt wurden mehrere Buchungskreise in der Gesell-schaft X identifiziert, bei denen ein vergleichbarer Verstoß vorlag.

💡 Ledger-Mapping ist nicht nur Konzept. Es ist Prüfarbeit. Wer die Mickey-Mouse-Logik ernst nimmt, muss prüfen, ob sie still gebrochen wurde. Und wer migrieren will, muss zuerst korrigieren.

Vom Spielplatz zur Infrastruktur

Die Mickey-Mouse-Logik war ein cleverer Trick. Aber in einem modernen, internationalen Konzern ist sie nicht mehr tragfähig. **Ledger-Mapping hingegen schafft nun eine echte Trennung, ohne doppelte Buchhaltung.** Und es legt die Basis für sauberes Reporting, effiziente Abschlüsse und revisionssichere Prozesse. Wer den Übergang nicht aktiv gestaltet, läuft Gefahr, über Jahre hinweg mit Daten zu arbeiten, denen man nicht mehr trauen kann.

Und während Du jetzt vielleicht denkst: „Ledger-Mapping klingt ja ganz nett, aber das haben wir schon irgendwie eingerichtet", dann halte kurz inne. Denn jetzt kommt ein Bereich, der fast immer unterschätzt wird. Nicht, weil er zu komplex wäre, sondern weil ihn fast keiner **richtig ernst nimmt: Das A-Segment.** Genau, dieses schlichte Stück Stammdaten, das so wirkt, als hätte es SAP nur eingebaut, damit irgendwas vorne im Kontenstamm steht.

Aber Achtung: Ein falsch gepflegtes A-Segment ist wie ein schief bedrucktes Preisschild im Museum. Es steht da. Es fällt niemandem sofort auf. Und trotzdem bringt es das ganze System durcheinander. Bereit für ein Kapitel, das unscheinbar klingt, aber Deinen Kontenplan vielleicht für immer verändern wird?

Das A-Segment: Mehr als eine Nummer

In SAP hat jedes Sachkonto eine Kontonummer – klar. Aber wer denkt, das sei schon die ganze Wahrheit, versteht SAP nur zur Hälfte. Denn hinter jeder Kontonummer steckt ein Kontenstammsatz und dieser besteht aus mehreren Ebenen. Eine davon ist das sogenannte A-Segment.

Was ist das A-Segment überhaupt?

Das A-Segment ist der **mandantenübergreifende Teil des Kontenstamms**. Es enthält alle Informationen, die **für das ganze Unternehmen** gelten, also für alle Buchungskreise, die diesen Kontenrahmen nutzen. Es ist die **„globale Identität" eines Kontos**. Dazu gehören zum Beispiel:

- Die Kontonummer selbst

- Die Bezeichnung des Kontos

- Das Kontoart-Kennzeichen (Bilanzkonto, GuV-Konto etc.)

- Der Kontenplan, zu dem das Konto gehört

- Das Sperrkennzeichen für allgemeine Verwendung

Vor allem die **Konsistenz der Bezeichnung** ist ein Thema, das im internationalen Kontext oft unterschätzt wird. Wer hier schlampig ist, bekommt spätestens bei Systemmigrationen, Reports oder interner Schulung massive Probleme.

Warum ist das A-Segment so entscheidend?

Stell Dir das A-Segment wie die **Architektur eines Hauses** vor. Es legt fest, ob es ein Wohnzimmer ist, ein Bad oder ein Technikraum, aber noch nicht, wie der Raum genutzt wird (das kommt im B-Segment). Wenn im A-Segment Fehler passieren, hat das Auswirkungen **auf alle Gesellschaften gleichzeitig.** Ein falscher Eintrag hier bedeutet:

- falsche Bilanzstruktur

- fehlerhafte Buchungen

- oder technische Systemfehler (z. B. beim Kontoabschluss)

Im Projekt mit Gesellschaft X war genau das eine Herausforderung: Viele Konten waren mandantenweit aktiv, obwohl sie nur für bestimmte Länder gedacht waren. Andere wurden lokal umbenannt, sodass gleiche Kontonummern unterschiedliche Bedeutungen bekamen, z. B. „Kostenstelle Einkauf" in Deutschland und „Steuerschlüssel China" in Fernost. Das Resultat: Verwirrung und fehlende Vergleichbarkeit.

Ein vernachlässigtes A-Segment? Übel, denn...

- dann haben oft Konten mit identischer Nummer verschiedene Inhalte. Das zerstört das Reporting.

- Die Kontonummer verliert ihre Aussagekraft.

- Der Konzern kann nicht zentral auswerten. Es braucht manuelle Konsolidierung.

- Der Monatsabschluss dauert länger, weil niemand weiß, was wo gebucht wurde.

Und: Ein uneinheitlicher Kontenstamm verhindert die **effiziente Nutzung von Ledgern und Segmenten.** Man fängt immer wieder bei null an, statt einmal sauber durchzuziehen.

Fazit: Einheitliche Architektur für eine klare Bilanz

Das A-Segment ist die globale Blaupause jedes Sachkontos in SAP. Wer hier sauber arbeitet, sorgt für Klarheit, Vergleichbarkeit und Sicherheit im ganzen Unternehmen. Gerade bei der Einführung von

SAP New GL, wie bei Gesellschaft X, ist das A-Segment der erste Prüfstein: Stimmen die Kontobezeichnungen? Sind Kontoarten einheitlich? Gibt es Systembrüche?

Also zuerst: Kontenplan bereinigen und harmonisieren

Bevor Du das New GL einführst, solltest Du unbedingt und vor allem kritisch, Deinen Kontenplan anschauen. Denn so cool das neue Hauptbuch auch ist:

👉 **Ein schlechter Kontenplan bleibt ein schlechter Kontenplan.**

Was bedeutet das konkret? In vielen Unternehmen hat sich über die Jahre ein echter **Konten-Wildwuchs** entwickelt, so auch in Gesellschaft X:

- Viele Konten mit identischer Funktion für unterschiedliche Gesellschaften oder Abteilungen

- Unklare Bezeichnungen, je nach Sprache oder Region

- Unterschiedliche Nutzung eines Kontos

- Technische Dubletten, weil jede Gesellschaft „ihr eigenes Süppchen" kocht

Das Ergebnis: Bei 6.000 Konten blickt niemand mehr durch. Reports müssen manuell harmonisiert werden. Und jede Systemumstellung wird zur Tortur, weil niemand sicher sagen kann, was dieses Konto eigentlich genau tun soll.

Warum also harmonisieren?

Ein konsistenter Kontenplan bringt:

- Weniger Konten = mehr Übersicht

- Einheitliche Nutzung = klare Regeln und Buchungslogik

- Weniger Schulungsaufwand für neue Mitarbeitende

- Weniger Risiko bei Reporting, Abschluss und Prüfung

Dabei ist wichtig: Die **technische Harmonisierung** erfolgt vor allem **über das B-Segment**, also dort, wo für jeden Buchungskreis individuell eingestellt wird, wie das Konto funktioniert. Aber diese technische Ebene funktioniert nur, wenn die **fachliche Grundlage im A-Segment** einheitlich ist.

👉 Wer das New GL erfolgreich einführen will, **muss erst aufräumen** und sich dann um die Feinsteuerung kümmern.

Leichter gesagt als getan: Woran Mapping oft scheitert

Wenn Du denkst, das Schwierigste an der Einführung des SAP New GL sei das Customizing, warte, bis Du versuchst, alte Konten auf neue zu mappen. In der Theorie ist Konten-Mapping ganz einfach: Man nimmt eine Excel-Liste, weist jedem alten Konto ein neues zu – fertig. In der Praxis ist es oft der Beginn einer langen Reise voller Fehlermeldungen und ratloser Gesichter.

Warum ist Mapping so kompliziert?

Der Klassiker macht es deutlich: 100 Altkonten sollen auf ein einziges neues Konto gemappt werden. Nur ein einziges dieser alten Konten war ein Debitorenkonto mit der Recon-ID „D", es wurde also im Nebenbuch geführt. Die anderen waren normale Sachkonten.
Wenn Du alle 100 alten Konten auf ein neues Konto ohne Recon-ID zusammenführst, kommt es zu Konflikten, etwa beim Buchen über das Nebenbuch. Wenn Du die Recon-ID übernimmst, blockiert SAP die Buchung von Geschäftsvorfällen, die keine Stammdatensätze haben. Du gewinnst also nichts, außer einer Fehlermeldung.
Ein anderer Fall: Stell Dir vor, einige Altkonten waren OP-geführt, andere nicht. Das neue Konto ist es auch. Bei der Migration hast Du für die Alt-Konten ohne OP-Führung keine OPs, die Du migrieren kannst. Oder stell Dir vor, einige Alt-Konten waren mit „Saldo nur in Hauswährung" geführt, andere waren es nicht. Das neue Konto jedenfalls hat diese Einschrän-

kung nicht. Was passiert mit den Migrationsdaten? Was denn nun, mit oder ohne Saldo nur in Hauswährung?

Das Ganze kannst Du mit allen über 30 B-Segment-Einstellungen durchspielen. Ein unerschöpfliches Reservoir an möglichen Konflikten.

Was Du tun solltest

👉 Prüfe jedes Altkonto auf Konflikte im B-Segment, bevor Du mappst.

👉 Vermeide Mapping ohne Vergleich der technischen Eigenschaften im Quell- und Zielsystem

👉 Harmonisiere erst, dann mappe – nicht umgekehrt.

💡 Merke: Je mehr Altkonten Du auf ein neues Konto mappst, desto größer ist die Wahrscheinlichkeit, dass Du technische Konflikte produzierst. Mapping ist kein Excel-Spiel – es ist ein SAP-Projekt im Projekt.

Was ist das B-Segment?

Stell Dir vor, Du bist im Theater. Dann ist das A-Segment die Kulisse, vor der sich alles abspielt. Es ist das, was das Konto vorgibt zu sein. Das B-Segment die Bühne, auf der gehandelt wird. Da bewegt sich der Buchungsstoff hin und her. Im SAP-Kontenstamm regelt das B-Segment, wie sich ein Konto im Buchungsalltag verhält. Es ist die technische Bewegungsebene. Dort wird der Buchungsstoff mit Leben gefüllt. Das B-Segment enthält die steuernden Einstellungen für das Verhalten des Kontos in der Praxis. Und genau hier entscheidet sich, ob das Konto seine Aufgabe erfüllt oder das System stört.

Diese Felder im B-Segment solltest Du kennen

- **Abstimmkonto**: Die Recon ID (A/D/K) bestimmt, ob das Konto im Nebenbuch geführt wird oder nicht. Recon ist die Abkürzung für Reconciliation Account.

- **Saldo nur in Hauswährung:** Die Einstellung legt fest, dass ein Konto nur in der lokalen Buchungskreiswährung geführt wird. Beispiel: Ein Konto ist auf Euro beschränkt, eine Buchung in Yen führt zum Abbruch.

- **Kontenwährung**: Gibt an, in welcher Währung das Konto geführt werden darf: jede, eine bestimmte oder nur Hauswährung.

- **Steuerkategorie:** Definiert, ob / welche Steuerkennzeichen zulässig sind, entscheidend für automatische Steuerbuchungen.

- **Buchen ohne Steuer erlaubt**: Wenn nicht gesetzt, verlangt SAP ein Steuerkennzeichen – auch wenn keine Steuer anfällt.

- **OP-Führung (für Hauptbuchkonten):** Gibt an, ob das Konto offene Posten verwalten kann – wichtig für Verrechnungen, Rückstellungen und Intercompany-Abstimmungen.

- **Konto nur für automatische Buchungen:** Ein Haken an dieser Stelle verhindert, dass jemand manuell auf dem Konto herumfummelt.

Insgesamt gibt es mehr als 30 dieser Einstellungen. Ich beschränke mich in der Folge auf die vorstehend genannten.

Typische Fehler – und ihre Folgen

Diese Felder wirken oft unscheinbar. Aber wenn sie falsch gepflegt sind, entstehen Probleme, die sich durch das System ziehen:

- Buchungen brechen ab, z. B. bei falscher Währung

- Steuerbuchungen fehlen trotz Steuerpflicht

- Offene Posten verschwinden, obwohl sie noch bestehen

- Der Monatsabschluss verzögert sich (Rückfragen/ Korrekturen)

> 💡 Im A-Segment wird das Konto über die Numerik und die Bezeichnung fachlich definiert. Im B-Segment entscheidet sich, wie es sich tatsächlich verhält.

Und Gesellschaft X? Die Kontonummer ist 1410 („Forderungen LuL ohne Kontokorrent"). Das Konto hat im B-Segment bei der Recon ID ein „D". Das macht keinen Sinn, denn „ohne Kontokorrent" sagt genau das Gegenteil, nämlich keine Nebenbuchführung. Dieses Beispiel zeigt, wie unscheinbare Einstellungen im B-Segment ganze Prozesse stören oder zum Stillstand bringen können.
Aber was genau steckt eigentlich hinter diesen Einstellungen? Welche Wirkung hat die Recon ID? was macht die Steuerkategorie? Und was passiert, wenn man ein Konto auf „nur automatische Buchungen" setzt?
Im nächsten Abschnitt gehen wir genau diesen Fragen nach – konkret, praxisnah und so, dass Du die Einstellungen künftig besser bewerten kannst.

Das B – Segment in der Praxis

Willkommen im Maschinenraum des B-Segments. In diesem Kapitel schauen wir uns die entscheidenden Steuerungsfelder einzeln an, nicht technisch, sondern aus Sicht eines Anwenders, der verstehen will, warum SAP manchmal blockiert, Fehler schmeißt oder Dinge tut, die kein Mensch nachvollziehen kann.
Ob Recon ID, Steuerkategorie oder OP-Führung – wenn Du die Logik dieser Felder verstehst, wird aus Frust Struktur.
Lass uns einsteigen in das, was man in Schulungen selten erfährt, aber im Projekt dringend braucht.

Recon ID – Die Brücke zwischen Haupt- und Nebenbuch

Was ist die Recon ID?

Die Reconciliation Account ID (Recon ID) ist ein zentrales Steuerungsmerkmal im B-Segment eines Sachkontos. Sie bestimmt, ob ein Hauptbuchkonto als Spiegelkonto für ein SAP-Nebenbuch fungieren soll, z. B. für das **D**ebitoren-, **K**reditoren- oder **A**nlagennebenbuch.
Buchhalterisch bedeutet das: Dieses Konto wird ausschließlich über das zugehörige Nebenbuch bebucht. Eine manuelle direkte Buchung im Hauptbuch ist nicht erlaubt. Dadurch stellt SAP sicher, dass das Hauptbuch mit dem Nebenbuch synchron läuft, ohne manuelle Umwege und mit hoher Integrität. Fehlerhafte Direktbuchungen werden technisch verhindert.

Warum ist die Recon ID wichtig?

Die Recon ID ist ein Sicherheitsmechanismus, der verhindert, dass versehentlich auf Konten gebucht wird, deren Saldo ausschließlich durch Nebenbuchtransaktionen entstehen soll. Hauptfunktionen sind:

- Das Verhindern manueller Fehlbuchungen

- Erzwingen der Verbindung zwischen Stammsatz und Buchung

- Sichern der Konsistenz zwischen Haupt- und Nebenbuch

- Reporting korrekt und prüfungssicher halten

Ohne Recon ID könnte jeder auf ein Anlagenkonto, ein Forderungs-
konto oder ein Kreditorenkonto buchen, auch ohne Bezug zu Anlage,
Kunde oder Lieferant. Die Folge: kaum nachvollziehbare Status, wie
hoch das Anlagevermögen ist und wie es sich verteilt, gegen welche
Kunden man Forderungen und gegen welche Lieferanten Verbindlichkeiten hat und wann diese fällig sind etcpp.

Typische Fehleinstellungen

Anlagenbuchhaltung

- Anlagekonto hat keine Recon ID: Direktbuchung auf Anlagenkonto möglich, dann stimmen Haupt- und Nebenbuch nicht
  mehr überein

- Anlagekonto hat falsche ID (z. B. K statt A): Die Verbindung zur
  Anlagenbuchhaltung schlägt fehl, wieder stimmen Haupt- und
  Nebenbuch nicht mehr überein

Debitorenbuchhaltung

- Debitorenkonto ohne Recon ID, aber im Kundenstamm
  hinterlegt: Buchungen erscheinen nicht im OP-Management,
  Mahnwesen und Saldenabstimmung fehlerhaft

- Konto hat falsche ID (z. B. K statt D): wieder stimmen Haupt- und
  Nebenbuch nicht überein

Kreditorenbuchhaltung

- Konto ist für Lieferanten vorgesehen, aber mit falscher ID (D/ A)
  gepflegt: Systemverhalten ist unlogisch, Abstimmungen unmög-
  lich

Wann sollte man A, D oder K NICHT setzen?

- Wenn das Konto nicht über ein Nebenbuchsystem gesteuert wird, z. B. Rückstellungen, Verrechnungskonten, Steuerkonten

- Bei technischen OP-Konten ohne Stammdatenbezug, etwa für IC-Umlagen: OP-Führung: ja, aber keine automatische Nebenbuchverknüpfung

- Wenn das Konto für direkte Umbuchungen oder manuelle Buchungen gedacht ist, z. B. temporäre Klärkonten, die in der Hauptbuchsicht geführt werden

Wann sollte man die Recon ID gezielt setzen?

Immer dann, wenn das Konto exklusiv über ein Nebenbuch geführt werden soll:

- **A** für das **Anlagennebenbuch**, z. B. Zugang, Abgang etcpp.

- **D** für das **Debitorennebenbuch**, z. B. Forderungen LuL

- **K** für das **Kreditorennebenbuch**, z. B. Verbindlichkeiten LuL

Also immer dann, wenn das Konto über Stammdatenprozesse angesprochen wird, wie z. B. über Buchungen mit Debitor, Kreditor oder Anlagen. Wichtig: Ohne korrekt gesetzte Recon ID verweigert SAP im Zweifel die Buchung oder verarbeitet sie nicht korrekt. Mit falsch gesetzter Recon ID läuft das System, aber das Ergebnis ist falsch. Und genau das ist gefährlich.

Zusammenspiel mit anderen Einstellungen im B-Segment

Die Recon ID ist keine Insel. Sie greift mit vielen andere Einstellungen **gemeinsam** im B-Segment ein. Darum sind bestimmte Konstellationen nicht zulässig oder nicht zu empfehlen. Es ist gut, diese für Deine Mapping-Aktivitäten zu kennen.

Einstellung	Zusammenhang mit Recon ID
Saldo nur in Hauswährung	empfehlenswert bei A/D/K zwecks Vermeiden von FX-Risiken im Nebenbuch
Kontowährung	Vorsicht: eine zu restriktive Währungsdefinition blockiert Nebenbuchprozesse
Steuerkategorie	muss zu Nebenbuchbewegungen passen, sonst Fehlbuchungen möglich
OP-Führung	lässt SAP technisch nicht zu, siehe auch Kapitel F

Falsche Kombinationen führen zu technischen Sperren, Buchungsabbrüchen oder zu stillen Fehlern, die erst Monate später auffallen.

Fazit: Klein, unscheinbar – aber entscheidend

Die Recon ID ist eines der wichtigsten Felder im B-Segment. Sie entscheidet darüber, ob SAP weiß, woher die Buchung kommt und ob sie überhaupt erlaubt ist. Gerade bei der Einführung des SAP New GL oder bei der Umstellung auf S/4HANA ist die Recon ID ein Muss-Thema. Wer sie ignoriert, riskiert Inkonsistenzen. Wer sie richtig einsetzt, sichert das System. Oder anders gesagt: Ein Konto mit falscher Recon ID ist wie eine Tür in einem Flugzeug, die nach außen öffnet.

Saldo nur in Hauswährung – Klare Währung, klarer Kopf

Was bedeutet „Saldo nur in Hauswährung"?

Dieses Kennzeichen im B-Segment bestimmt, ob das Konto:

- nur in lokaler (Haus-)Währung des Buchungskreises bebucht werden darf

- oder ob auch Fremdwährungsbuchungen zulässig sind.

Beispiel:

- In Deutschland ist die Hauswährung EUR.

- In Japan ist sie JPY.

Wenn das Kennzeichen aktiv ist, dürfen Buchungen nur in EUR bzw. JPY erfolgen – keine USD, kein CHF, kein RMB.

Warum ist das wichtig?

Die Hauswährung ist Grundlage für Saldenbildung, Bilanzauswertung und Abschlussprozesse. Wenn mehrere Währungen auf einem Konto erlaubt sind, **summiert SAP keine Fremdwährungswerte** und es zeigt **keinen konsistenten Saldo** an. Stattdessen wird der Saldo rein auf **Hauswährungsbasis** dargestellt. Das führt zu **Verwirrung**, vor allem in der Abstimmung.

Welche Probleme entstehen ohne diese Einstellung?

Im Projekt bei Gesellschaft X zeigte sich deutlich: In mehreren Landesgesellschaften wurden Sachkonten ohne Einschränkung der Währung verwendet. Das führte zu:

- Unplausiblen Saldenanzeigen im Hauptbuch

- Fehlenden Summen in Berichten (weil Fremdwährungen nicht addiert werden konnten)

- Monatlichen Rückfragen bei der Kontenabstimmung: „Warum zeigt das Konto keinen Saldo?"

- Erhöhter manueller Aufwand für Umbuchungen oder Konten nachträglich zu bereinigen

In Thailand beispielsweise wurden auf einem Sachkonto Buchungen in THB, USD und EUR erfasst. Der Monatsabschluss zeigte **keinen eindeutigen Saldo**, da SAP die unterschiedlichen Währungen **nicht**

konsolidieren konnte. Das Team musste den Saldo über Excel nachbilden und war bei der Revision nicht auskunftsfähig.

Wann sollte man „Saldo nur in Hauswährung" aktivieren?

Die Option sollte **nicht pauschal**, sondern **gezielt** und **restriktiv** gesetzt werden – und zwar nur dann, wenn:

- das Konto keine Fremdwährungsfunktion erfüllen muss,

- systemseitig Fehlbuchungen vermieden werden sollen oder

- das Konto rein technisch genutzt wird (z. B. Skontoverrechnung oder WE/RE-Abgrenzung).

Typische SAP-konforme sind

- Skontokonten

- WE/RE-Konten (Wareneingang/ Rechnungseingang)

- Interne technische Verrechnungskonten

SAP empfiehlt ausdrücklich, die Einstellung nicht auf klassische Bilanzkonten wie Vorräte, Forderungen oder Verbindlichkeiten zu setzen, da dies die Fremdwährungsfähigkeit einschränkt und zu technischen oder buchhalterischen Risiken führen kann.

Wann sollte man „Saldo nur in HW" nicht aktivieren?

Immer dann, wenn das Konto:

- operativ in Fremdwährung genutzt wird (z. B. bei internationalen Kunden oder Lieferanten),

- Teil eines Treasury-Prozesses ist (z. B. Wechselkursbewertung, FX-Sicherung),

- oder wenn es in Konzernprozesse mit mehreren Währungen eingebunden ist.

<u>**Fazit: Selektiv statt reflexhaft**</u>

Das Kennzeichen „Saldo nur in Hauswährung" ist **kein Allheilmittel**, sondern eine gezielte Bremse. **Richtig gesetzt**, verhindert es Währungswirrwarr, sorgt für saubere Saldenanzeige und entlastet den Monatsabschluss. **Falsch gesetzt**, blockiert es legitime Fremdwährungsbuchungen und verursacht Abstimmungsaufwand. In einem internationalen Unternehmen wie Gesellschaft X gilt:

👉 Nur setzen, wenn es fachlich begründet und technisch abgesichert ist.

Kontenwährung – Wenn SAP plötzlich stumm wird

<u>Was ist die „Kontenwährung"?</u>

Die **Kontenwährung** legt fest, in **welcher Währung das Konto bebuchbar ist.** Dabei gibt es drei Möglichkeiten:

- Leeres Feld: Das Konto kann in jeder Währung bebucht werden (Standard)

- Hauswährung (z. B. EUR in D): Das Konto darf nur in dieser Währung bebucht werden

- Fremdwährung (z. B. USD in D): Konto ist auf eine spezielle Währung festgelegt.

Die Einstellung erfolgt **jeweils im B-Segment** eines Buchungskreises, also individuell für jede Gesellschaft.

<u>Warum ist das wichtig?</u>

In der Theorie klingt das simpel, in der Praxis kann **eine falsch gepflegte Kontenwährung ganze Prozesse lahmlegen.** Denn sobald eine Buchung mit einer Währung erfolgt, die nicht zur eingestellten Kontenwährung passt, **blockiert SAP die Buchung.**

Im Projekt mit der Gesellschaft X hatten wir genau diesen Fall: Ein Konto war in einer Gesellschaft auf USD eingestellt, obwohl der normale Buchungsprozess in lokaler Währung (z. B. THB oder EUR) erfolgte. Die Folge:

- Fehlermeldung bei der Buchung

- Blockierte Rechnungseingangsbuchung,

- dadurch auch verzögerte Zahlungen an Lieferanten,

- vorher Mahnungen und deren Bearbeitung etcpp.

- Umgehung durch Notlösungen und Umbuchungen

Typische Fehleinstellungen im B-Segment

- Kontenwährung ist unabsichtlich gesetzt (z. B. durch Kopieren aus anderem Buchungskreis) Das Konto wirkt „kaputt", weil Standardbuchungen nicht funktionieren

- Falsche Währung eingestellt: Buchungen gehen in der vorgesehenen Währung nicht durch

- Kontenwährung gesetzt, obwohl flexible Buchung nötig wäre: Einschränkung statt Nutzungsspielraum, mit Verwirrung beim Buchhalter

- Falscher Umgang mit Durchlauf- oder Verrechnungskonten: Kontenwährung passt nicht zur tatsächlichen Funktion im Prozess

Wann sollte man die Kontenwährung nicht setzen?

In der Regel gilt: **Lass das Feld leer, wenn Du nicht bewusst eine Einschränkung willst.** Denn eine leere Kontenwährung erlaubt:

- Buchungen in jeder Währung

- Mehr Flexibilität in internationalen Prozessen

- Keine unerwarteten Systemabbrüche

Wann sollte man sie gezielt setzen?

Nur dann, wenn man **bewusst sicherstellen will**, dass das Konto **ausschließlich in einer bestimmten Währung** bebucht wird, zum Beispiel:

- bei technischen Durchlaufkonten (z. B. USD-Transitzahlungen)

- bei Treasury-Konten, die nur in einer Fremdwährung geführt werden

- bei Verrechnungskonten, die zentral in Konzernwährung laufen sollen

Dann sorgt die Kontenwährung für **Klarheit und Sicherheit**, weil sie **Buchungsfehler systemisch verhindert**.

Wichtig: Zusammenspiel mit anderen Einstellungen

Die Kontenwährung darf **nicht isoliert** betrachtet werden. Sie wirkt zusammen mit:

- dem „Saldo nur in Hauswährung"-Kennzeichen

- den Ledgern bei Fremdwährungsbewertungen

- dem Zahlungsverkehr (z. B. SEPA in EUR vs. FX-Zahlung in USD)

Im Projekt mit Gesellschaft X habe ich erlebt, dass eine unbedachte Kontenwährung zu Problemen bei Zahlungsdateien führte. So konnte beispielsweise ein Konto mit USD-Währung nicht im europäischen Zahlungsverkehr verwendet werden, obwohl dies erforderlich gewesen wäre.

Fazit: Nutze Einschränkungen selektiv, nie pauschal

Die Kontenwährung ist eine scheinbar kleine Einstellung. Aber sie kann zum Türsteher oder Blockierer werden. In den meisten Fällen hilft es, die Einstellung offen zu lassen und sie nur dann gezielt zu setzen, wenn der Prozess es explizit verlangt. Gerade bei internationalen Strukturen ist sie ein wichtiges Kontrollinstrument, das aber nur mit klarem Kopf eingesetzt werden sollte.

Steuern, Steuern, nichts als Steuern

Bevor wir noch tiefer in weitere technische Stellschrauben einsteigen, müssen wir über ein Thema sprechen, das in fast jedem Monatsabschluss, jeder Rückfrage und jeder Betriebsprüfung auftaucht. Dennoch wird es meist nicht systematisch verstanden:
(Umsatz-) Steuer im B-Segment. Drei Faktoren entscheiden über Erfolg oder Frust. Zwei davon regelst Du im B-Segment. Es sind diese drei Elemente:

Warum Du diese drei Begriffe nicht verstehen musst

Im Alltag hört man oft: „Das Konto funktioniert nicht. SAP blockiert die Buchung." Meist steckt etwas ganz Simples dahinter: Eine falsch gepflegte Steuerkategorie, ein unpassender Steuerschlüssel – oder das Häkchen „Buchen ohne Steuer erlaubt" fehlt.

Was ist was?

- **Steuerkategorie (im B-Segment)**: Gibt vor, welche Steuerkennzeichen auf dem Konto zulässig sind. Sie wirkt wie ein Filter.

- **„Buchen ohne Steuer erlaubt" (im B-Segment)**: Hebelt die Steuerkategorie aus und erlaubt eine Buchung ohne Kennzeichen, obwohl eines, aus Sicht der grundsätzlichen Ausrichtung des Kontos, erwartet wird.

- **Steuerschlüssel (im Customizing)**: Steuert die Steuerlogik, wie Vorsteuer, Umsatzsteuer, innergemeinschaftliche Lieferung.

Wie wirken diese drei zusammen?

Wenn ein Konto eine Steuerkategorie enthält, verlangt SAP ein gültiges Steuerkennzeichen bei jeder Buchung. Fehlt das, kommt es zum Abbruch.

Nun gibt es Fälle, in denen ein Sachverhalt kein Standard ist und damit auch die üblichen Steuerkennzeichen ausfallen. Typisch sind Umbuchungen. Das eine der angesprochenen Konten oder beide verlangen ein Steuerkennzeichen (weil die Steuerkategorie gesetzt ist).
Was tun die meisten Buchhalter? Sie setzen den Haken bei „Buchen ohne Steuerschlüssel erlaubt". Quick and dirty. Vor allem dirty, denn: Nun kannst Du jeden Blödsinn auf diesem Konto buchen. Auch her wieder ein Klassiker: Unerfahrene Buchhalter verwenden einen Vorsteuerschlüssel auf einem Umsatzkonto. Solcherlei Chaos erzeugt bei mir regelmäßig Würgeanfälle, sorry 🙁 .

Das Häkchen „Buchen ohne Steuer erlaubt" erlaubt zwar eine Buchung auch ohne Steuerkennzeichen, sollte aber nur gezielt gesetzt werden.
Ich für meinen Teil habe es höchst selten gesetzt, dafür jedoch extrem oft entfernt. Warum? Siehe den nächsten Abschnitt

SAP-Best Practices – zusammengefasst

- Steuerkategorie auf **Kosten- und Erlöskonten**: immer pflegen

- Steuerkategorien auf **Bilanzkonten**: immer pflegen, außer...

- Steuerkategorie auf **Nebenbuchkonten** (Recon D/K/A): nicht verwenden

- **Separate Steuerschlüssel**

    o für steuerfreie Vorgänge verwenden/einrichten und

    o für nicht steuerbare Vorgänge verwenden/einrichten:

    → Der Klassiker in diesem Zusammenhang: Die berühmten Umbuchungen, mit denen das Setzen des Hakens bei „Buchen ohne Steuer erlaubt" immer, aber wirklich immer begründet wird. Leute, das ist langweilig 😊 und fachlich falsch, weil nichtsteuerbare Vorgänge!

- Also: Buchen ohne Steuer erlaubt nur setzen, wenn es fachlich angezeigt und dokumentiert ist.

Warum das wichtig ist

Buchungen ohne Steuerkennzeichen sind schwer nachvollziehbar. Bei Betriebsprüfungen fehlen Hinweise auf Steuerfreiheit oder -pflicht. Und die Steuerautomatik wird abgeschaltet, mit allen Risiken für Vorsteuerabzug, Umsatzsteuervoranmeldung und interne Kontrollen.

> 💡 Wenn Du es nicht steuerst, steuert SAP. Und das meist anders, als Du denkst.

So, jetzt habe ich mich genug aufgeregt. Lass uns noch etwas tiefer auf die drei Elemente schauen. Starten wir mir der...

Steuerkategorie – Der Hebel für korrekte Steuerlogik

Die Steuerkategorie ist eine zentrale Eigenschaft im Kontenstamm, die darüber entscheidet, ob und wie SAP eine Steuerautomatik anwendet, wenn auf ein bestimmtes Konto gebucht wird. Sie wird auf Ebene des B-Segments gepflegt und wirkt damit buchungskreisspezifisch, was in internationalen Konzernen wie Gesellschaft X enorm wichtig ist.

Wofür ist die Steuerkategorie da?

Die Steuerkategorie ist im Wesentlichen eine **Vorgabe für das Steuerkennzeichen**, das bei der Buchung verwendet werden darf. Sie bestimmt:

- Ob ein Steuerkennzeichen überhaupt verwendet werden darf,

- welche Steuerkennzeichen zulässig sind und

- ob SAP automatisch Steuerbeträge berechnet und

- auf welches Steuerkonto diese dann fließen.

Wenn das Steuerkennzeichen nicht zur Steuerkategorie passt, **blockiert SAP die Buchung.** Das klingt erst einmal wie ein Schutzmechanismus, ist aber in der Praxis eine **häufige Fehlerquelle.** Schutzmechanismus? Siehe oben bei „Buchen ohne Steuer erlaubt", warum sollte man den ausschalten? Da wird sich schon jemand etwas dabei gedacht haben, siehe auch oben. Nun weißt Du auch, was 😊 !

Was passiert, wenn die Steuerkategorie falsch gesetzt ist?

Im Gesellschaft X-Projekt zeigte sich das sehr plastisch: Ein Konto war in einer asiatischen Gesellschaft fälschlich als „steuerfrei" konfiguriert. Als dann ein echter Einkaufsbeleg mit Umsatzsteuer auf dieses Konto gebucht wurde, reagierte SAP mit einem Abbruch. Die Lösung? Manuell ein anderes Konto suchen, umbuchen, Beleg aufsplitten, also Zeitverlust, Unsicherheit und Fehlerrisiko inklusive.

Typische Fehlkonfigurationen

- **Keine Steuerkategorie gepflegt**: Buchungen mit Steuerkennzeichen sind nicht möglich, obwohl notwendig

- **Zu viele Steuerkennzeichen erlaubt**: Bucher wählen versehentlich das falsche Kennzeichen – z. B. Inland statt EU

- **Falscher Typ gesetzt** (z. B. „steuerfrei" auf Vorsteuerkonto): Vorsteuer wird nicht gezogen – Buchung muss manuell korrigiert werden

- **Unterschiedliche Steuerlogik zwischen Gesellschaften** auf demselben Konto: SAP bucht unterschiedlich – Reports sind nicht vergleichbar

Best Practices

- Jedes steuerrelevante Konto benötigt eine definierte Steuerkategorie. Und glaube mir, die meisten Konten sind steuerrelevant!

- Wenn mehrere Steuerarten möglich sind, verwende gezielt die Option „*", aber nur, wenn die Buchhalter die Regeln kennen. Meist tun sie das nicht, also, nicht verwenden, so zumindest gehe ich vor.

- Für Konten ohne Steuerbezug muss die Kategorie „-" gesetzt werden (keine Steuer erlaubt), um Fehlbuchungen systemisch zu verhindern.

- In Projekten wie Gesellschaft X ist es hilfreich, globale Steuerkategorien mit lokalen Spezifika zu verbinden, also z. B. dieselbe Konto-ID, aber unterschiedliche Steuerkategorien je nach Land.

Zusammenspiel mit weiteren Systemelementen

Die Steuerkategorie arbeitet eng mit

- Steuerkennzeichen,   (das wusstest Du bereits)

- Steuerschlüsseln,   (auch das wusstest Du schon)

- automatischen Steuerkonten,   (wusstest Du das schon?)

- und dem Customizing,   (das wusstest Du auch schon)

- Umsatzsteuer-Voranmeldung   (nächster Aha-Effekt?)

- Automatik von Steuerkonten   (auch logisch, oder?)

Wer hier eine Änderung vornimmt, muss also die gesamte Steuerlogik im Blick haben. Also: Nix für Laien! Was sie nicht daran hindert, sich hier auszutoben.

Fazit: Unsichtbar, bis es knallt

Die Steuerkategorie ist eines dieser Felder, das „nie auffällt". Bis es knallt. Die Gründe: Umsatzsteueraußenprüfung, Betriebsprüfung oder ein neuer Kollege.
Falsch gepflegt, sorgt sie für Abbrüche, fehlende Steuerbuchungen oder Falschauswertungen. Richtig gepflegt, schützt sie das Unternehmen vor **falscher Umsatzsteuer**, unnötigen Nachfragen im Monatsabschluss und gefährlichen Fehlern bei Betriebsprüfungen. Sie ist damit ein zentraler Baustein für Revisionssicherheit, Prozessklarheit und Buchungsqualität.

Schauen wir uns nun noch einmal genau **den** Aufreger an.

„Buchen ohne Steuer erlaubt" – Der Blockierer im Alltag

Im Tagesgeschäft erwarten viele Buchhalter, dass SAP „einfach bucht". Doch wer mit Steuerkennzeichen arbeitet – was in der Regel der Fall ist –, stößt irgendwann auf eine **technische Barriere**, die so manchem Rätsel aufgibt: SAP verweigert die Buchung mit der Meldung, dass kein Steuerkennzeichen angegeben wurde, obwohl, auf den ersten Blick, auch keines nötig ist. Der Grund? Das Feld „Buchen ohne Steuer erlaubt" ist nicht aktiviert.

Was bewirkt diese Einstellung?

Wenn ein Konto eine Steuerkategorie enthält (z. B. „nur mit Vorsteuer" oder „nur steuerfrei") erwartet SAP grundsätzlich ein **Steuerkennzeichen,** sonst bricht es die Buchung ab. Manchmal jedoch gibt es legitime Buchungen, **bei denen keine Steuer anfällt**, obwohl das Konto grundsätzlich steuerrelevant ist. Und genau hier kommt dieses kleine Häkchen ins Spiel: **„Buchen ohne Steuer erlaubt"** ermöglicht Buchungen ohne Angabe eines Steuerkennzeichens, obwohl die Steuerkategorie gesetzt ist.

In welchen Fällen ist das nützlich?

- Umbuchungen zwischen Konten ohne Steuerwirkung

- Korrekturen, bei denen der ursprüngliche Steuerschlüssel nicht erneut gezogen werden soll

Was passiert, wenn die Einstellung fehlt?

- System blockiert Buchungen ohne Steuerkennzeichen, obwohl diese fachlich korrekt wären

- Die Buchhalter weichen auf falsche Konten aus, oft ohne steuerliche Prüfung

- Es entstehen fehlerhafte Umbuchungen oder Mischbuchungen mit unpassender Steuerlogik

- Die Buchhaltung braucht manuelle Abstimmung, aber meist lebt sie mit Salden, die nicht nachvollziehbar sind

👉 Ich wiederhole mich gerne: Nach meiner Meinung sollte man Steuerschlüssel für steuerfreie (In- und Output-Tax) und für nicht steuerbare Vorgänge anlegen.

Gerade bei **internationalen Geschäftsvorfällen**, bei denen Steuerpflicht oft von lokalen Regelungen abhängt, kann das Häkchen über **Durchfluss oder Frust** entscheiden.

Wann kann man „Buchen ohne Steuer erlaubt" aktivieren?

- Bei Konten, die grundsätzlich steuerlich genutzt werden, aber auch buchhalterisch neutrale Buchungen zulassen (z. B. interne Aufwandsverteilungen, bestimmte Rückstellungen)

- Bei technischen Verrechnungskonten, die in Prozessen flexibel eingesetzt werden müssen

- In Gesellschaften, in denen das Konto für mehrere Buchungsarten verwendet wird, mit und ohne Steuer

Wichtig: Diese Option sollte **nicht pauschal überall gesetzt werden**, sondern **gezielt dort**, wo man die Ausnahme **versteht und dokumentiert hat**.

Wann besser nicht?

- Bei klassischen Erlöskonten, die immer steuerpflichtig sind

- Bei Aufwandskonten mit automatischer Steuerberechnung

- Wenn das Konto in einem Prozess nur mit festem Steuerkennzeichen verwendet werden soll, etwa bei standardisierten Einkaufsvorgängen

Fazit: Ein Häkchen für Klarheit – oder Chaos

„Buchen ohne Steuer erlaubt" ist ein typisches SAP-Feld, das, aus fachlichem Unverständnis, massiv missbraucht wird. In meiner Buchhaltungswelt wird es selten benutzt, in der Realität unvorstellbar oft.

Damit schließen wir das Steuerkapitel ab, zumindest in Bezug auf das B-Segment. Klar ist: Wer die Steuerlogik in SAP beherrscht, spart sich viele Rückfragen, manuelle Nacharbeiten und Prüfungsrisiken. Aber es gibt noch eine weitere Funktion im B-Segment, die fast genauso unsichtbar ist und ähnlich wirksam: Die OP-Führung. Zeit, für Klarheit über das, was noch offen ist.

OP-Führung von Hauptbuchkonten – Klarheit gewinnen

In der klassischen SAP-Welt ist die OP-Führung (Offene Posten) eng mit Debitoren- und Kreditorenkonten verknüpft. Doch SAP kann auch auf **Sachkonten** offene Posten führen und das ist oft **der entscheidende Hebel**, um Ordnung, Transparenz und Verbindlich-keit in interne Prozesse zu bringen.

Diese Option wird im B-Segment des Kontos aktiviert. Sie sollte dort bewusst gesetzt oder unterdrückt werden. Denn: OP-Führung ist kein nettes Extra, sondern eine **bewusste Entscheidung für Prozess-klarheit.**

Was bedeutet „OP-Führung auf einem Hauptbuchkonto"?

Wenn ein Konto OP-geführt ist, bedeutet das: **Jede Buchung auf dem Konto erzeugt offene Posten, die später aktiv ausgeglichen werden müssen.** SAP verfolgt dann:

- Was wurde gebucht?

- Was wurde bezahlt oder umgebucht?

- Was ist noch offen – also zu prüfen, freizugeben oder zu zahlen?

Im Gegensatz zu Sachkonten ohne OP-Führung, ermöglicht SAP hier eine **Belegverfolgung auf Einzelpostenebene.**

Wann ist OP-Führung auf Sachkonten sinnvoll?

- Interne Verrechnungskonten zwischen Gesellschaften

- Rückstellungen, die gezielt wieder aufgelöst werden müssen

- Prozesskonten, auf denen Buchungen vorübergehend geparkt werden (z. B. bei Klärfällen)

- Verrechnungskonten in der Anlagenbuchhaltung

- Transitorische Konten, z. B. für Rechnungsabgrenzungsposten

- Manuelle Forderungs- und Verbindlichkeitenkonten

- Etcpp...

Was passiert, wenn man OP-Führung nicht nutzt?

- Es gibt Zahlungen ohne Belegbezug – Buchung erfolgt, aber es ist nicht nachvollziehbar, welcher Vorgang abgegolten wurde

- Klärungsposten werden vergessen, weil sie nirgends explizit sichtbar sind

- Abstimmungen müssen manuell erfolgen, mit hohem Zeitaufwand

- Rückstellungen bleiben offen, obwohl sie längst erledigt sind – mit Bilanzrisiken

Best Practices

- Verwende OP-Führung gezielt dort, wo Prozesse (Abschluss, Zahlungen, Klärfälle) Nachverfolgung erfordern

- Dokumentiere klar, welche Konten OP-geführt sind – und warum

- Achte auf regelmäßige Abstimmung und Ausgleichsprozesse, um Karteileichen zu vermeiden

- Vermeide OP-Führung auf Konten mit hohem Buchungsvolumen ohne Klärbedarf – z. B. bei Bankkonten

Was ist systemisch zu beachten?

- SAP erzeugt bei OP-Führung automatisch Ausgleichsbelege, z. B. bei Zahlungen oder Umbuchungen

- Für OP-geführte Konten gelten besondere Regeln bei der Abstimmung und im Zahlungsverkehr

- In Reporting-Tools wie FBL3N oder FAGLL03 lässt sich direkt auf offene Posten filtern

- Die OP-Führung wirkt sich auch auf monatliche Clearing-Prozesse und Abschlusslogiken aus.

<u>**Fazit: Ohne OP-Führung ist vieles nur Bauchgefühl**</u>

Die OP-Führung auf Sachkonten ist keine technische Spielerei, sondern ein **Klarheits-Tool**. Sie sorgt dafür, dass Positionen **sichtbar bleiben, bis sie abgewickelt wurden**. Bei Rückstellungen, manuellen Forderungs- und Verbindlichkeitenkonten oder temporären Konten ist sie ein Muss.

Konto nur für automatische Buchungen: Raus bist Du

Wenn Du an dieser Stelle einen Haken setzt, schließt Du das Konto faktisch für die manuelle Benutzung ab. Und das ist auch gut so. Denn manche Konten sollen nicht durch Menschen gebucht werden, sondern ausschließlich durch SAP selbst, z. B. durch Hintergrundprozesse, Programme oder Buchungsschnittstellen.

Wann ist diese Einstellung sinnvoll?

Diese Sperre schützt Konten, deren Inhalte nur durch automatisch generierte Buchungen korrekt gefüllt werden können. Typische Fälle sind:

- Abstimmungskonten zwischen SAP-Modulen

- Automatische Steuerkonten (z. B. Vorsteuer, Umsatzsteuer aus MIRO)

- Skontoverrechnungskonten

- Verrechnungskonten im Zahlungslauf (Banktransitkonten)

- WE/RE-Konten (automatisch aus Logistik)

- Konten, die aus SAP MM, SD oder HR heraus gebucht werden

Was passiert, wenn man es vergisst?

Wenn das Häkchen nicht gesetzt wird, kann es zu folgenden Problemen kommen:

- Manuelle Buchungen auf Prozesskonten

- Mischbelegarten ohne klare Trennung

- Rückfragen im Monatsabschluss und bei der Prüfung

- Buchhaltungsfehler mit unklarer Ursache

Best Practices aus dem Projektalltag

- Verwende die Einstellung gezielt für systemgesteuerte Konten

- Dokumentiere im Mapping oder Handbuch, welche Konten davon betroffen sind

- Kläre das Thema in Schulungen oder Einführungsrunden

> 💡 Wenn SAP den Ball übernimmt, soll niemand dazwischenfunken. Das Häkchen für automatische Buchungen schützt Prozesse – und die Nerven der Buchhaltung.

Du siehst: Es sind nicht die großen Projekte, die Dich stolpern lassen. Es sind die kleinen Häkchen. Ob ein Konto steuerlich funktioniert, ob Buchungen offenbleiben oder ein Monatsabschluss sauber durchläuft: all das entscheidet sich im B-Segment.

Ganz schön viel Text, nicht wahr? Das musst Du Dir nicht alles merken oder nachlesen, wenn Du es einmal brauchst. Im Nächsten Kapitel habe ich Dir alle Erkenntnisse bis hierher kurz, stichpunktartig, zusammengefasst.

Was geht und was nicht (Checkliste)

Recon ID

Unzulässige Kombinationen

Nicht kombinierbar mit OP-Führung im Hauptbuch, SAP erlaubt keine doppelte OP- Verwaltung. Du musst Dich entscheiden. Entweder verwaltest Du die OP im Nebenbuch, dann brauchst Du hier kein X, denn Nebenbücher werden standardmäßig OP geführt, oder Du verwaltest OP im Hauptbuch

Abhängigkeiten & Nebenwirkungen

- Muss mit der korrekten Nebenbuchart abgestimmt sein (Kreditor, Debitor, Anlage).

- Hat Auswirkungen auf Steuerlogik und Zahlungsprozesse.

Best Practices / SAP-Empfehlungen

- Immer mit der Nebenbuchart abgleichen.

- Nie mit OP-Führung kombinieren.

- Pflege über Customizing, keine Änderung im Kontenstamm.

Saldo nur in Hauswährung

Unzulässige Kombinationen

Nicht kombinierbar mit fixen Kontenwährungen ≠ Hauswährung. Das führt zu Abbrüchen bei Fremdwährungsbuchungen.

Abhängigkeiten & Nebenwirkungen

- Wirkt direkt mit Kontenwährung zusammen und muss darum konsistent sein.

- Beeinflusst Cash-Management und Zahlungsverkehr.

Best Practices / SAP-Empfehlungen

- Nur aktivieren, wenn Fremdwährungen ausgeschlossen werden sollen.

- Nicht auf Zahlungsverkehrskonten setzen.

- In internationalen Gesellschaften mit Vorsicht verwenden.

Kontenwährung

Unzulässige Kombinationen

Feste Kontenwährung bei aktiviertem 'Saldo nur in Hauswährung' erzeugt ggf. Systemkonflikt.

Abhängigkeiten & Nebenwirkungen

- Wirkt auf alle Buchungen, insbesondere beim Zahlungsverkehr.

- Muss mit Saldo-Einstellungen abgestimmt sein.

Best Practices / SAP-Empfehlungen

- Nur nutzen, wenn Buchungen ausschließlich in einer Währung erfolgen sollen (z. B. USD-Konten).

- Nicht für OP-Konten mit globalem Buchungskreisverkehr.

Steuerkategorie

Unzulässige Kombinationen

- Pflichtkennzeichen gesetzt, aber kein Steuerkennzeichen und Häkchen 'Buchen ohne Steuer erlaubt' = nein.

- Wenn auf Bilanzkonten mit Nebenbuchfunktion gesetzt, falsche Steuerbuchung möglich.

Abhängigkeiten & Nebenwirkungen

- Muss mit Steuerkennzeichenlogik und Feldstatusgruppe abgestimmt sein.

- Interagiert mit MIRO, Zahlungsverkehr und Steuerfindung.

Best Practices / SAP-Empfehlungen

- Immer auf Kosten- und Erlöskonten pflegen.

- Nie auf Nebenbuchkonten setzen.

- Für steuerfreie und nicht steuerbare Vorgänge eigene Steuerschlüssel nutzen und nicht den Haken als Ersatz verwenden.

Buchen ohne Steuer erlaubt

Unzulässige Kombinationen

Wenn Steuerkategorie Pflichtkennzeichen erwartet, aber kein Häkchen gesetzt ist, Buchung schlägt fehl.

Abhängigkeiten & Nebenwirkungen

- Muss zur Steuerkategorie passen, wirkt als Ausnahmeventil.

- Interagiert mit Customizing und Belegvalidierung.

Best Practices / SAP-Empfehlungen

- Nur setzen, wenn fachlich begründet, z. B. Umbuchungen.

- kein Ersatz für fehlende Steuerkennzeichen

- Setzung dokumentieren und regelmäßig prüfen.

OP-Führung von Hauptbuchkonten

Unzulässige Kombinationen

- Nicht auf GuV-Konten verwendbar, sondern nur auf Bilanzkonten, wenn OP-Logik sinnvoll.

- Nicht in Kombination mit Recon ID möglich

Abhängigkeiten & Nebenwirkungen

- Beeinflusst Zahlungsverkehr, Auszifferung und Monatsabschluss.

- Erfordert Feldstatusgruppe mit Belegzuordnungsfeldern (Referenz, Text etc.).

Best Practices / SAP-Empfehlungen

- Nur auf Konten, bei denen Klärungsbedarf regelmäßig auftritt (z. B. Rückstellungen, Verrechnungskonten).

- Klar dokumentieren und regelmäßig auf nicht ausgeglichene Posten prüfen.

Konto nur für automatische Buchungen

Unzulässige Kombinationen

Wenn manuelle Belege auf das Konto gelangen, z. B. über FI-Belegbuchung.

Abhängigkeiten & Nebenwirkungen

- Muss im Prozessdesign berücksichtigt sein, z. B. bei WE/RE-Konten oder Steuerkonten.

- Interagiert mit Zahlungsprogrammen, MIRO, Buchungskreis-
  zuordnungen.

Best Practices / SAP-Empfehlungen

- Immer aktiv setzen auf WE/RE-, Steuer-, Skonto-, Prozesskonten.

- In der Schulung klar kommunizieren: kein manuelles Buchen
  erlaubt.

- Technisch absichern durch Buchungsprüfungen (z. B. Vali-
  dierungen).

Jetzt hast Du verstanden, wie das Zusammenspiel im Hintergrund
läuft von den Stammdaten bis zur Bewertungslogik im Ledger. Was
fehlt, ist ein abschließender Überblick über die Möglichkeiten im B-
Segment. Den findest Du im nächsten Kapitel.

Überblick: Alle B-Segment-Einstellungen

B-Segment-Einstellung	Beschreibung / Bedeutung
Kontoart	Bestimmt, ob das Konto ein Bilanzkonto, ein GuV-Konto oder nicht auswertungsrelevant ist. Diese Einordnung beeinflusst, wo das Konto im Abschluss auftaucht.
Steuerkategorie	Legt fest, welche Steuerkennzeichen auf dem Konto erlaubt sind, z. B. nur Vorsteuer oder keine Steuer.
Buchen ohne Steuer erlaubt	Ermöglicht Buchungen ohne Steuerkennzeichen. Das ist nützlich bei internen Umbuchungen oder steuerfreien Geschäftsvorfällen.
OP-Führung	Sorgt dafür, dass Buchungen als offene Posten geführt werden, bis sie ausgeglichen sind. Das ist besonders wichtig bei Verrechnungen und Rückstellungen.
Kontenwährung	Definiert, in welcher Währung das Konto geführt werden soll. Kann z. B. fest auf USD gestellt sein.
Saldo nur in Hauswährung	Verhindert Fremdwährungsbuchungen auf dem Konto, relevant bei Berichtsanforderungen oder technischen Anforderungen.
Feldstatusgruppe	Steuert, welche Felder bei der Buchung sichtbar, erforderlich oder ausgeblendet sind.
Hausbank-Kennzeichen	Markiert das Konto als Hausbankkonto – relevant für den Zahlungsverkehr.
Zahlungsrelevanz	Bestimmt, ob das Konto im Zahlungsprogramm genutzt werden darf, z. B. als Ziel- oder Gegenkonto.
Cash Management-relevant	Entscheidet, ob das Konto in das Liquiditätsmanagement aufgenommen wird.
Zinssteuerung	Aktiviert Zinsberechnung offener Posten, z. B. für Mahnwesen oder interne Kalkulation.
Nur automatische Buchungen erlaubt	Sperrt das Konto für manuelle Buchungen. Nur Hintergrundprozesse (z. B. WE/RE oder Zahlungspro-gramme) dürfen buchen.
Posten als statistisch markieren	Kennzeichnet die Buchung als nicht relevant für Bilanz oder GuV – etwa für CO-interne Verrechnungen.
Konto gesperrt für Buchungen	Verhindert alle Buchungen, sinnvoll bei Konten, die technisch existieren, aber nicht verwendet werden sollen.
Referenzkonto	Erlaubt, Einstellungen von einem anderen Konto zu übernehmen – hilfreich bei der Neuanlage.
Sortierschlüssel	Gibt vor, wie Buchungen auf dem Konto sortiert oder gruppiert werden.
Kostenstelle (Vorgabe)	Trägt automatisch eine bestimmte Kostenstelle bei der Buchung ein – kann überschrieben werden.
Profitcenter (Vorgabe)	Funktioniert wie die Kostenstelle – aber für das Ergebnisrechnungssystem.

Segment	Wird genutzt für Segmentberichterstattung nach IFRS.
Textpflicht	Erzwingt Buchungstext, hilfreich für Nachvollziehbarkeit.
Plan-/Ist-Zuordnung	Wird in der Planung oder im Vergleich von Plandaten verwendet.
Kennzeichen für automatische Abstimmung	Hilft bei der automatisierten Zuordnung/ Auszifferung.
Abstimmbereich	Dient der Auswertung und Abstimmung in der Summen-/Saldenliste.
Konsolidierungskennzeichen	Wird für das Konzernreporting genutzt.
Bewertungskreis	Relevant bei Anlagen oder Materialbewertung – steuert parallele Rechnungslegungen.
Zahlwegsteuerung	Gibt vor, welche Zahlungsarten (SEPA, Scheck, etc.) auf dem Konto erlaubt sind.
Zahlungssperre	Verhindert, dass das Konto bei automatischen Zahlungen berücksichtigt wird.
Mahnsperre	Sperrt das Konto für Mahnungen, sinnvoll z. B. bei Behörden.
Nummernkreisbereich	Steuert, welche Belegnummern für Buchungen genutzt werden.
Referenzbelegprüfung aktiv	Verhindert doppelte Rechnungen durch Prüfung der Referenznummer.

SAP macht keine Fehler – es folgt Regeln. Die Frage ist: Kennst Du sie? Mit dieser Checkliste hast Du jetzt einen Leitfaden, der Dir hilft, technische Logik und fachliche Anforderungen zu verbinden.

Das ist kein Ende. Das ist der Anfang von Entscheidungen, die nicht nur durchgehen, sondern auch sinnvoll sind.

Glossar – SAP New GL kompakt erklärt

Dieses Glossar fasst zentrale Begriffe zusammen, die im Zusammenhang mit dem SAP New General Ledger (New GL) besonders wichtig sind – für alle, die den Überblick behalten wollen.

Begriff	Erklärung
New GL	Das „neue Hauptbuch" in SAP. Ermöglicht parallele Rechnungslegungen, flexibles Reporting und modernes Datenhandling.
Ledger	Eine Sicht auf Buchungen im Hauptbuch, z. B. für IFRS oder HGB. Technisch getrennt, aber auf derselben Datenbasis.
A-Segment	Globale Ebene des Kontenstamms. Gilt mandantenübergreifend. Entscheidend für die fachliche Klarheit eines Kontos.
B-Segment	Buchungskreisspezifische Ebene des Kontenstamms. Steuert das konkrete Verhalten eines Kontos (z. B. Währung, OP-Führung).
Recon ID	Gibt an, ob ein Konto mit einem Nebenbuch verknüpft ist (Debitoren, Kreditoren, Anlagen).
OP-Führung	Offene Posten-Verwaltung. Dient der Nachverfolgung von Buchungen, z. B. bei Rückstellungen oder Verrechnungskonten.
Kontenwährung	Definiert, in welcher Währung ein Konto bebuchbar ist – z. B. nur EUR oder auch USD.
Saldo nur in Hauswährung	Begrenzung auf lokale Währung. Verhindert Saldenwirrwarr bei Fremdwährungsbuchungen.
Steuerkategorie	Steuert, welche Steuerkennzeichen auf einem Konto zulässig sind. Wichtig für die automatische Steuerlogik.
Buchen ohne Steuer erlaubt	Sonderfunktion: erlaubt Buchungen auch ohne Steuerkennzeichen, wenn nötig.

Begriff	Erklärung
Ledger-Mapping	Zuweisung von Geschäftsvorfällen zu den richtigen Bewertungswelten (z. B. HGB, IFRS) über definierte Regeln.

© 2025 Christian Pede
Verlag: BoD · Books on Demand GmbH,
Überseering 33, 22297 Hamburg, bod@bod.de
Druck: Libri Plureos GmbH,
Friedensallee 273, 22763 Hamburg
ISBN: 978-3-8192-4704-0